Eine Marke mit Direct Response Marketing aufbauen

in Kapseln

Die Geheimnisse des legendären Dan S. Kennedy

INDEX

VORWORT

Umdenken bei der Marke

Was wäre, wenn ich dir sage, dass alles, was du über das Konzept der Marke gelesen hast, falsch ist? Oder besser gesagt, falsch für dich, wenn du ein kleines Unternehmen hast?

Zunächst gibt es 2 Fragen, die du dir stellen musst, wenn du ein kleiner Unternehmer bist:

1. Was ist das Ziel deiner Werbung und deines Marketings?

2. Kannst du es dir leisten, dieses Ziel zu erreichen?

Viele kleine Unternehmer werden vom Konzept der Sichtbarkeit verzaubert: Ihren Namen bekannt zu machen, die sogenannte *"brand awareness"*.

Bis vor ein paar Jahren konnte das ausreichen, aber in dem heutig überkompetitiven Markt und mit ständig steigenden Werbekosten, nur für die Verbreitung deines Namens zu zahlen, ohne zu monetarisieren, könnte dich leicht in den Bankrott treiben!

Viele Branding-Strategien, die heute implementiert werden, sind direkt von internationalen und gut finanzierten Marken übernommen. Sich auf diese Modelle zu stützen, kann jedoch sehr gefährlich sein, wenn man nicht dieselben finanziellen Mittel und dieselben Ziele hat.

Die Wahrheit ist, dass die meisten Start-ups und kleinen Unternehmer, die wachsen und expandieren wollen, keine Markenidentität oder Sichtbarkeit benötigen, zumindest nicht in dieser Phase.

Was sie am meisten brauchen, sind zahlende Kunden, um Gewinn zu erzielen. Denke vor Sichtbarkeit und Image erst an den Gewinn; die Marke wird sich danach fast automatisch aufbauen, betrachte sie als ein Nebenprodukt des Gewinns.

Versteht mich nicht falsch, es ist schön, die Ambition zu haben, eine berühmte und dynamische Marke zu schaffen, die von allen anerkannt wird, aber zuallererst musst du daran denken, die Rechnungen zu bezahlen.

Deshalb solltest du dich zuerst darauf konzentrieren, was du jetzt mit den Ressourcen, die du hast, tun kannst. Und das bringt die Zielgruppe ins Spiel.

Für jeden Service oder jedes Produkt gibt es eine Gruppe idealer Kunden, die es lieben oder nutzen. Wenn dein ideales Ziel „jeder" ist, hast du ein großes Problem, es ist sehr teuer, alle erreichen zu wollen, wenn dich noch niemand kennt.

Also versuche zuerst, in deiner Kundenliste zu graben und herauszufinden, wer die besten sind, also diejenigen, die am häufigsten und ohne viel Aufhebens kaufen.

Sobald du deine idealen Kunden identifiziert hast, wirst du in der Lage sein, eine maßgeschneiderte Marketingbotschaft für sie zu erstellen und deine Marke einen Kunden nach dem anderen aufzubauen.

KAPITEL 1

Chancen vs. Realität

Mich zu bitten, ein Buch über den Aufbau einer Marke zu schreiben, ist so, als würde man einen Ketzer bitten, eine Gruppe von Gläubigen zu führen. Diejenigen, die mich kennen, wissen, dass ich sehr kritisch gegenüber den kostspieligen Branding- und Imagestrategien großer multinationaler Unternehmen bin.

Ich versuche immer, kleine Unternehmer davon abzubringen, sich von diesen Giganten inspirieren zu lassen, da die Gefahr der Insolvenz real ist. Jeden Tag gibt es irgendeinen CEO, der Millionen verschwendet, um das Logo, den Slogan, das Image usw. zu ändern. Es ist Wahnsinn, den Wert der Marke auf diese Ebenen zu erhöhen.

Natürlich gibt es historische Marken, die auch heute noch anerkannt werden, aber sie wurden nicht durch Verschwendung von Geld für Sichtbarkeit und Brand Awareness geschaffen, sondern durch den Verkauf ihrer Produkte!

In jedem Fall kann Ihnen niemand eine unsterbliche Marke garantieren.

Wenn wir zum Beispiel über Autos sprechen, waren Rambler und Pontiac einst wichtige Marken. Heute sind sie verschwunden. Aber ich könnte noch viele andere Beispiele nennen.

Verlassen Sie sich also nicht zu sehr allein auf die Marke.

Im Wesentlichen habe ich beschlossen, dieses Buch zu schreiben, weil ich viele Kunden habe, die dank meiner Lehren etablierte Marken aufbauen konnten. Dieses Buch ist eine Sammlung all dieser Strategien und Taktiken, ohne all den Unsinn, den uns die Experten der Werbeagenturen täglich aufzutischen versuchen. Und genau das macht es in seiner Art einzigartig.

Ich bin und bleibe immer ein Direct-Response-Marketer. Das bedeutet, dass ich den Return on Investment (ROI) jedes einzelnen Dollars so genau wie möglich messen möchte, und das so schnell wie möglich. Ohne jegliche Ambiguität oder fantasievolle Metriken.

Mit dieser Strategie können durchaus große, anerkannte Marken geschaffen werden, so wie es einige meiner millionenschweren Kunden getan haben, wie Weight Watchers oder Proactiv von Guthy Renker. Auch meine eigene multimillionenschwere Marke wurde durch Direct-Response-Marketing geschaffen.

Zusammenfassend kann eine Marke für die Verbraucher auf verschiedene Weisen wichtig sein:

- Sie kann die Auswahl in einem Markt voller Optionen erleichtern;

- Sie kann eine Garantie für die Erfahrung sein;

- Sie kann stolz machen, weil sie uns modisch erscheinen lässt;

- Sie kann unsere Werte stärken und unseren Aspirationen entsprechen;

- Sie kann uns auf emotionaler Ebene zufriedenstellen.

In diesem Buch werden wir alles erkunden, was eine Marke kann und was nicht, und weise Strategien zum Aufbau der Markenidentität ohne direkte Investitionen illustrieren.

Ich habe nie einen Cent in „Brand Awareness" investiert, und doch genießen mein persönliches Brand und alle Marken, die ich kreiert habe, eine ausgezeichnete Gesundheit, Reputation und Anerkennung unter meinen Kunden. Beachten Sie, dass ich, zurückkommend auf die Einleitung, nicht sagte, von allen erkannt, sondern nur von meinen Kunden.

Letztendlich sind sie es, denen ich Rechenschaft schuldig bin.

Alle Entscheidungen, die Sie von nun an treffen werden, müssen diesen 3 Schritten folgen: Prinzipien, Strategie und Taktik.

1. Die Wichtigkeit der Prinzipien

Sam Walton wusste genau, welche Prinzipien das

waren, die schließlich Walmart wurden.

Ray Kroc hatte die drei Grundprinzipien von McDonald's klar vor Augen.

Walt Disney hat sein grundlegendes Prinzip in seinem Slogan und in seiner Unique Selling Proposition (USP) zusammengefasst: „Der glücklichste Ort der Welt".

Mein grundlegendes Prinzip ist, immer die Wahrheit zu sagen, auch wenn es wehtut.

Marken, die auf soliden Werten basieren, verkaufen sich besser und halten länger als solche, die sie nicht haben.

2. Die Strategie

Von den Prinzipien geht man zur Strategie über, alle Erfolgsbeispiele haben diesen Schritten gefolgt. Um der Einfachheit halber werde ich Beispiele meiner persönlichen Marke anführen:

– Ich war selektiv und diskriminierend gegenüber meinen Kunden, ohne mich darum zu kümmern, jemanden zu beleidigen;

– Ich konzentrierte mich auf kleine und mittlere Unternehmer und stieß multinationale Unternehmen ab;

– Ich habe nie verkauft oder jemandem erlaubt, etwas an meine Kunden zu verkaufen, ohne mindestens eine 30-Tage-Garantie;

- Ich war immer transparent gegenüber meinen Kunden, auch über mein Privatleben und politische Meinungen.

Natürlich, wenn man Prinzipien hat, sollte man vermeiden, sie zu widersprechen, wenn man nicht riskieren möchte, alles zu ruinieren.

Nehmen wir Pierre Cardin: Einst galt er als exklusive Luxusmarke; nach einer aggressiven und willkürlichen Lizenzpolitik fand er sich jedoch in denselben Produktkategorien mit sehr unterschiedlichen Preisen wieder. Dies hat die Marke zerstört.

Seien Sie also sehr vorsichtig, Strategien umzusetzen, die Ihren Werten widersprechen, es könnte fatal sein.

3. Die Taktik

Normalerweise ist dies der Punkt, an dem alle beginnen wollen. Werbung, Inhalte, Medien...

Die Versuchung ist stark, oft stehen Unternehmer unter Druck, und das führt sie dazu, vorschnelle Schlüsse zu ziehen und ohne die richtigen Überlegungen zu handeln.

Die Eigentümer von Iron Tribe Fitness (eine Marke, über die wir später genauer sprechen werden) haben beschlossen, ihre Mitgliedschaften auf 300 pro Fitnessstudio zu begrenzen. Anstatt viele zu einem niedrigen Preis zu verkaufen, haben sie beschlossen, wenige zu einem hohen Preis zu verkaufen, und es läuft großartig.

Ich bin eine sehr pragmatische Person, deshalb habe ich ein sehr praktisches Buch geschrieben. Sie haben mittlerweile verstanden, dass ich unanwendbare Theorien oder kreative Ideen um ihrer selbst willen nicht mag.

Dieses Buch ist jedoch auch in der Lage, Sie zu inspirieren, Ihr Geschäft zu nehmen und es für Ihre Kunden in etwas Bedeutungsvolles zu verwandeln, genau wie es die Eigentümer von Iron Tribe getan haben.

Ehrlich gesagt, glaube ich nicht, dass es besonders aufregend ist, zu verkaufen und Geld zu verdienen. Natürlich mag ich es, Geld zu haben und zu verdienen, aber wenn alles, was ich tue, verkaufen ist, um zu verdienen, verliere ich bald die Begeisterung und Kreativität, ich stelle mir vor, Ihnen geht es auch so.

Es ist auch eine schreckliche Lüge zu behaupten, dass, wenn man sich darauf beschränkt, bedeutungsvolle Beziehungen aufzubauen, automatisch auch das Geld kommt, das ist nicht der Fall.

Man muss in der Lage sein, diese zwei Aspekte gleichzeitig zu berücksichtigen. Immer.

Ein Rat: Sabotieren Sie sich nicht mit dem klassischen Satz „...aber mein Geschäft ist anders!"

In dieser Phase ist niemand anders. Alle Aktivitäten, um gut zu funktionieren, müssen in der Lage sein, ihre Kunden anzuziehen und zu motivieren, und alle erfolgreichen Geschäfte basieren darauf, einen Teil dieser Kunden in echte Fans (Brand

Evangelist/Advocate) zu verwandeln.

Also, die Lektionen, die wir durch die Erfahrung von Iron Tribe lernen werden, können auf jede Art von Geschäft angewendet werden.

Halten Sie den Geist offen!

KAPITEL 2

Die Erfahrung der Eigentümer von Iron Tribe Fitness

Bevor wir eine Marke aufbauten

Wir wussten von Anfang an, dass wir eine national anerkannte Marke wollten, und dennoch haben wir nicht begonnen, unsere Marke zu verkaufen. Wir haben begonnen, Mitgliedschaften zu verkaufen.

Die meisten Kleinunternehmen machen es umgekehrt; alle wollen eine große Marke, aber nicht das tun, was nötig ist, um sie zu erreichen.

Anstatt mit Direct-Response-Marketing zu beginnen, verhalten sie sich, als wären sie bereits eine große Marke, und verschwenden Platz in ihren Anzeigen mit riesigen Logos und „kreativen" Slogans, die nicht erklären, warum jemand bei ihnen kaufen sollte. Regelmäßig werden diese Anzeigen ignoriert.

Dies passiert leider, weil man sich kontinuierlich kopiert, ohne sich zu viele Fragen zu stellen.

Entgegen der landläufigen Meinung reicht es nicht aus, einen Grafiker zu beauftragen, der ein schönes

Logo und schöne Broschüren erstellt.

Marketing ist die Wissenschaft, die richtige Botschaft an deine Zielgruppe zu bringen, bedeutet, verschiedene Botschaften und Medien zu testen und die Daten detailliert zu verfolgen. Diese Tests sind das Einzige, was bei der Erstellung eines erfolgreichen Marketingplans zählt. Es ist nicht wichtig, was dir gefällt, sondern was den Kunden überzeugt, bei dir zu kaufen und dir zu vertrauen.

Nur so kann deine Marke wachsen.

Die Entdeckung des Direct Response

Zuerst war ich nur ein Fitnessenthusiast, der dann ein Profi wurde, der seine Arbeit im Fitnessstudio sehr gut machte. Ich wusste nichts darüber, wie ich die richtigen Kunden für mich gewinnen konnte, und merkte schnell, dass meine schönen, glänzenden Anzeigen nicht funktionierten.

In diesem Moment meines Lebens bemerkte ich eine Anzeige, die sich von den anderen unterschied; sie sprach darüber, wie man das Marketing für ein Fitnessstudio verbessern kann, genau das, was ich als Personal Trainer brauchte. Ich forderte meinen kostenlosen Bericht an, betitelt „Wie man in den nächsten 90 Tagen mehr Kunden gewinnt als im ganzen Jahr, ohne Networking, Empfehlungen oder aggressives Verkaufen".

Als ich den Bericht las, schien es, als spräche er direkt zu mir. Ich hatte gerade Tausende von Dollar in eine „Brand Awareness"-Kampagne investiert, die nicht einen einzigen Kunden generiert hatte!

Ich war es leid und spürte, dass es einen besseren Weg geben musste. Die Prinzipien in diesem Bericht waren mein erster Kontakt mit den Grundlagen des Direct-Response-Marketings. Also entschloss ich mich, den Autor des Berichts um Hilfe zu bitten, der dann meine erste Direct-Marketing-Kampagne kreierte, eine Serie von 3 Briefen, die an die Häuser meiner Zielgruppe gesendet wurden.

Die Ergebnisse waren erstaunlich: Das Telefon klingelte wie nie zuvor, und die Kunden waren bereits über die wichtigsten Informationen informiert, weil der Brief so gut geschrieben war, dass er die Drecksarbeit für mich erledigte! In nur einem Monat, mit 1000 versendeten Briefen, gewann ich 41 Kunden mit einem Durchschnittswert von 2500$ pro Vertrag. Es war der beste Monat in 6 Jahren meiner Karriere als Personal Trainer.

Die Kampagne funktionierte die nächsten 3 Jahre ohne Änderungen weiter, während dieser Zeit eröffnete ich weitere Standorte und wuchs enorm.

Dann hörte die Kampagne auf zu funktionieren, und ich stieß auf eine weitere Lehre von Dan Kennedy, die Gefahr, nur eine Waffe zu haben: eine Botschaft, eine Kampagne oder nur ein Kommunikationsmittel.

Hier begann meine wahre Reise zur Entdeckung des Direct Response; ich musste herausfinden, warum diese Kampagne funktioniert hatte und wie ich weitere erstellen konnte. Ich entdeckte Dan Kennedy und begann, seine Bücher zu lesen, sein Newsletter zu abonnieren und an seinen Meetings teilzunehmen.

Irgendwann fühlte ich mich bereit, von Null mit einem ambitionierteren Projekt zu beginnen (Iron Tribe), indem ich mein gesamtes bisheriges Geschäft verkaufte und von Anfang an ein Franchise-Unternehmen mit Schwerpunkt auf Direct Response aufbaute.

Auch wenn ich in der Startphase war, wusste ich, dass ich auf einen auf Direct Response spezialisierten Copywriter nicht verzichten konnte.

Eine Marke durch Verkauf aufbauen

Das neue Unternehmen, das wir aufbauten, begann in der Garage eines von uns, Fight Club-Stil. Praktisch, um dazuzugehören, musstest du unser Freund sein, aber dann, mit der Zeit, erkannten wir, dass sich ein starker Gruppengeist bildete, der allen half, sich zu verbessern, und wir waren entschlossen, dieses Community-Gefühl in einem Franchise zu replizieren.

Daher der Name „Iron Tribe Fitness", der neben einem Gemeinschaftssinn auch die Exklusivität unseres Programms widerspiegelt.

Das Problem, das wir zu diesem Zeitpunkt hatten, war, dass viele Leute nicht glaubten, sie könnten diese intensiven Gruppenübungen durchführen. Wir brauchten zwei Dinge:

1. die sogenannte „soziale Bewährung", also Erfolgsgeschichten von gewöhnlichen Menschen.

2. ein weiteres Angebot für all diejenigen, die interessiert waren, aber noch zu

eingeschüchtert, um sich anzumelden.

Um den ersten Punkt zu erfüllen, entschieden wir uns, eine Werbung mit echten Fotos unserer Kunden (vorher und nachher) zu erstellen. Dann, um die Schüchternen und Unentschlossenen zu ermutigen, boten wir einen kostenlosen Bericht an, der alle Vorteile des Programms und die Erfolgsgeschichten der Teilnehmer auflistete. Der Titel des Berichts war „Warum all diese frustrierten Menschen ihr Fitnessstudio-Abonnement gekündigt und sich bei Iron Tribe angemeldet haben... und warum du es auch tun solltest".

An diesem Punkt benötigten wir Dringlichkeit, um so viele Menschen wie möglich zur Anmeldung zu bewegen. Deshalb beschlossen wir, eine Premium-Erfahrung für maximal 300 Personen pro Fitnessstudio anzubieten.

Sobald diese Zahl erreicht war, würden die Kunden auf eine Warteliste gesetzt, und wir kommunizierten dies in jeder unserer Kommunikationen oder Anzeigen, indem wir ständig die Anzahl der verfügbaren Plätze an den verschiedenen Standorten aktualisierten.

Die Reaktion auf diese Anzeigen war unglaublich, wir verkauften 40-50 Mitgliedschaften pro Monat zum doppelten Preis unserer Wettbewerber.

Um Frauen über 40 anzuziehen, erstellten wir eine Anzeige mit der Frau von Forrest (einem der beiden Eigentümer), Mutter von 4 Kindern, eine ganz normale Frau. Es war eine unserer leistungsstärksten Anzeigen, weil sie Empathie beim Publikum erzeugte und den Skeptizismus gegenüber dem Programm verringerte.

Einige unserer Anzeigen könnten für ihren herausfordernden Ton gegenüber den Lesern kritisiert werden, und manche könnten sagen, dass sie Kunden abschrecken, indem sie sie einschüchtern. Aber erinnere dich immer daran, wo jemand wegläuft, wird jemand anderes angezogen! Das ist das Geheimnis des magnetischen Marketings; es zieht einige an und stößt andere ab.

Was auch immer du tust, vernachlässige niemals den Verkauf.

Wir waren eifrig, die Marke aufzubauen, aber zuerst mussten wir diese 300 Plätze in all unseren Fitnessstudios so schnell wie möglich besetzen.

Sei geduldig beim Aufbau der Marke, aber habe immer Dringlichkeit beim Verkauf.

Kritik wird kommen

Unsere Kampagnen liefen großartig und erzeugten jeden Monat einen ROI von 200% bis 400%.

Mit zunehmendem Erfolg nahmen die Kritiken von Verwandten, Investoren und Kunden zu. Sie empfanden unsere Werbung als unprofessionell und hässlich. Das Paradox ist, dass sie selbst von denselben Anzeigen angezogen und „konvertiert" worden waren, die sie herabwürdigten.

Wie Dan Kennedy oft sagt: Kunden lügen!

Trotz der Zahlen, die uns recht gaben, wollten wir

gleichzeitig, dass unsere Kunden stolz auf unsere Werbung sind. Daher entschieden wir uns, Direct Response mit einer Branding-Strategie zu verbinden, die unseren Kunden besser gefiel. Wir wussten, dass es keine leichte Aufgabe sein würde, deshalb entschieden wir uns, eine externe Werbeagentur zu beauftragen, ein Fehler, aber wir haben aus unseren Fehlern gelernt.

Sei dir sicher, wenn du Erfolg hast, wird Kritik kommen. Höre jedem distanziert zu und priorisiere deine Kunden. Am Ende musst du jedoch selbst entscheiden.

Die Missgeschicke mit den Agenturen

Eines der Grundprinzipien von Dan Kennedys Denken ist: Werbeagenturen verstehen nichts (und wollen nichts verstehen) von Direct-Response-Marketing.

Daher hat es uns nicht überrascht, dass er gegen unsere Entscheidung war, uns an eine externe Agentur zu wenden. „Beiß nicht die Hand, die dich füttert!", sagte er uns, indem er betonte, wie wichtig es sei, niemals die Kontrolle über die Direct-Response-Strategien, die uns zum Erfolg geführt hatten, zu verlieren.

Wir wollten nicht auf ihn hören; die Idee, das gesamte Marketing außerhalb des Unternehmens zu delegieren, um uns auf andere Aspekte konzentrieren zu können, die uns damals wichtiger erschienen, wie die Einrichtung neuer Franchise-Standorte, war verlockend.

Was wir verstanden haben, ist, dass all das nichts mehr zählt, wenn du die Kontrolle über dein Marketing und damit auch über deine Marke verlierst.

Genau das haben wir getan, ein Fehler.

In den sechs Monaten, in denen wir die Agenturen durchliefen, hörten wir alle möglichen Kritiken: Kritik am fehlenden Design, Kritik an der Länge des Copy (zu lang ihrer Meinung nach), manche konnten den Grund unseres Erfolgs nicht verstehen und zogen sich zurück, weil sie nicht wussten, wie sie uns helfen sollten.

Letztendlich wählten wir eine Agentur, von der wir dachten, sie könnte das Gute in unserem Marketing lernen und etwas mehr „Stil" hinzufügen.

Trotz unseres Versuchs, sie einzubeziehen, indem wir ihnen alle Bücher von Dan Kennedy zur Verfügung stellten, schienen sie all diesen Informationen gegenüber resistent zu sein und machten weiterhin, was sie wollten. Unser Versuch scheiterte kläglich.

Dan Kennedys Kommentar:

1. Es gibt zwei Dinge, die man niemals vollständig delegieren sollte: das Finanzmanagement und das Marketing. Es ist viel einfacher, technische und operative Rollen zu delegieren, nicht die strategischen. Erinnere dich immer daran, dass zwei Personen nicht Seite an Seite auf demselben Pferd reiten können. Es gibt nur eine Person,

die die Zügel hält, und diese Person musst du sein.

2. Wenn du dich für Werbung und Marketing an externe Fachleute wendest, stelle sicher, dass sie Direct-Response-Marketing kennen. Die Marketingwelt ist voll von Theoretikern und Technikern, die nichts vom Verkauf verstehen und keine konkreten Ergebnisse vorweisen können. Verwechsle nicht Handwerker mit Architekten.

3. Unterschätze nie dein Wissen über die Branche, in der du tätig bist. Es ist falsch, arrogant zu sein, genauso wie es falsch ist, sich von Fachjargon und Werbepreisen einschüchtern zu lassen. Wenn du Zweifel hast, während du mit der Kritik eines Experten konfrontiert bist, stelle ihm diese Fragen: 1) Warum glaubst du, dass ich anders denken sollte? 2) Welche Daten hast du, um deine Position zu unterstützen? Fakten sind wichtig und auch viel seltener als Meinungen oder Kritiken. Lass dich von Fakten überzeugen.

Unsere Erfolgsformel

Am Ende, nach 9 Monaten erfolgloser Tests mit der Agentur, kehrten wir zur Selbstständigkeit zurück.

Was dabei herauskam, war eine Mischung, die sich so zusammenfassen lässt: Gewinne Kunden mit Direct-Response-Marketing, aber mache sie mit der Marke begeistert und stolz.

Zuerst gingen wir von den Daten aus, die wir hatten. Die anfängliche Rückkehr, die wir mit reinem Direct-Marketing hatten, war folgende: Jeder Kunde brachte uns 1,3 Empfehlungen und erneuerte sein Abonnement mindestens einmal. Was wir mit einem markenzentrierteren Ansatz erhofften, war, die Empfehlungen zu erhöhen, indem wir den Stolz der Mitglieder steigerten.

Dies führt uns zum zentralen Thema des Direct-Marketings: Front-End und Back-End.

Das Front-End ist alles, was zur ersten Transaktion führt, also zur Kundengewinnung.

Das Back-End ist alles, was danach passiert, die Beziehung, die im Laufe der Zeit zu wiederholten Käufen führt.

Der ROI des Front-Ends bezieht sich auf die Akquisitionskosten durch Marketing und Werbung und den Rückkehr, den man von den in diese Aktivitäten investierten Dollar erhält.

Der ROI des Back-Ends ist komplizierter; er muss Retention, Kaufhäufigkeit, Erneuerungen, Aufstieg und Empfehlungen berechnen.

Unser Ziel war es, markenzentrische Aktivitäten zu entwickeln, um die Empfehlungen zu erhöhen, aber es war wichtig, nicht unter die Ausgangszahl (1,3) zu fallen.

Wir begannen mit der Erneuerung unseres Newsletters, machten ihn moderner und füllten ihn mit interessanten Inhalten, indem wir unsere Athleten stärker einbezogen und alle Veranstaltungen in unseren Fitnessstudios hervorhoben.

Dann beschloss Jim (einer der Eigentümer), seine frühere Erfahrung als Kameramann zu nutzen und zu verbessern, und wir erstellten TribeVibeTV, eine wöchentliche Show auf Youtube.

Wir haben schließlich verstanden, dass man nie genug in Marketing investieren kann (deshalb müssen die Ergebnisse messbar und positiv sein) und dass man versuchen sollte, auf so vielen Medien wie möglich präsent zu sein (erinnerst du dich an den anfänglichen Fehler, nur eine Waffe zu haben?).

Jetzt kannst du uns im Radio hören, auf einem Plakat sehen, in der Zeitung und, wenn du denkst, du hast fertig, sagt dir vielleicht ein Freund: „Weißt du, ich habe ein fantastisches Trainingsprogramm entdeckt? Es heißt Iron Tribe!" und zeigt dir ein Video oder unser Magazin.

Also, bezüglich der Medien, sollte man idealerweise einen guten Teil davon besitzen oder zumindest die Kontrolle über die wesentlichen haben.

Für uns sind die wichtigsten die Website und die App. Wir haben sie unverzichtbar für unsere Kunden gemacht, denn dort müssen sie jeden Tag hingehen, um zu erfahren, was das Training von morgen sein wird. Dort finden sie auch ihre Fortschrittsdaten, Ziele, Diät und können auch mit den Coaches und anderen Athleten kommunizieren und den Nachrichten unserer Veranstaltungen folgen.

Dies hat zu einem noch stärkeren Gemeinschaftsgefühl und Zusammenhalt geführt als zuvor.

Dan Kennedys Kommentar: Du musst dich je nach Bewusstseinsstand des Kunden unterschiedlich präsentieren (ein Konzept, das in „Breakthrough Advertising" von Schwartz hervorragend erklärt wird). Wenn das Front-End-Marketing auf spezifische Versprechen, Angebote und Dringlichkeit basieren sollte, sollte das Back-End-Marketing um soziale Bewährung, Gemeinschaft und die Menschen hinter den Kulissen kreisen. Der häufigste Fehler ist, Back-End-Marketing zu verwenden, um Kunden zu gewinnen, was viele junge Unternehmen und Marken dazu führt, gut wahrgenommen zu werden, aber unfähig zu monetarisieren!

Dan Kennedys Kommentar zu TribeVibeTV: Die Ansichten ihrer Videos reichen von 300 bis 500 im Durchschnitt. Klingt das wenig? Du irrst dich. Der Erfolg des Direct Response beruht auf der Auswahl des Zielpublikums. Man richtet sich fast nie an die Massen. Diese Hybridform, die sie zwischen Direct Response und Marke geschaffen haben, war wirklich ein großer Erfolg. Sie sind auch in der Lage, sich effektiv an ein sekundäres Publikum zu richten, nämlich diejenigen, die eine eigene Franchise eröffnen möchten.

Franchising und Skaleneffekte

Wenn du 4000$ pro Monat für das Marketing jeder einzelnen Fitnessstudio ausgibst und alle 9 Monate eine neue eröffnest, weißt du, dass du jedes Jahr 4000$ zu deinem monatlichen Budget hinzufügen wirst.

Dank dessen sind wir in der Lage, ein leicht zu befolgendes System für alle unsere Franchises zu erstellen, indem wir die Investitionen bereits 2 Monate vor der Eröffnung planen. Die erste Phase wird natürlich ganz auf Direct Response ausgerichtet sein. Sobald die Mitgliedschaften wachsen, kann man zur zweiten, markenzentrierten Phase übergehen, um Empfehlungen und Retention zu erhöhen.

Unsere Philosophie basiert auf „Mach es so, wie wir es tun", nicht auf „Mach es, wie ich es sage". Eines der frustrierendsten Dinge ist es, Berater zu sehen, die lehren, Dinge zu tun, die sie selbst nie getestet haben, und dazu drängen, Geld auszugeben, von dem niemand weiß, ob es jemals als Gewinn zurückkommt.

Die Entwicklung der Marke

Das nächste Experiment betraf den Slogan. Etwas, das unsere soziale Bewährung und unser gesamtes Marketing begleiten könnte. Genau wie das „Just do it" von Nike.

Um dieses Ziel zu erreichen, konzentrierten wir uns auf das Konzept von Dan Kennedy, das Geschäft von dem zu trennen, was er „Deliverables" nennt, also die Produkte und Dienstleistungen, die wir anbieten.

Um ein Beispiel zu geben, Starbucks verkauft Kaffee zu einem viel höheren Preis als seine Konkurrenten. Sein eigentliches Geschäft ist der Ort, das Erlebnis; der Kaffee ist nur das Mittel, um dieses Erlebnis zu genießen. Der Kaffee ist das „Deliverable". Das ist das Geheimnis hinter den meisten großen Marken.

Bei der Analyse des Feedbacks unserer Kunden bemerkten wir ein wiederkehrendes Wort: Transformation.

Um den Qualitätssprung mit unserer Marke zu machen, entschieden wir daher, dass die Fitnessstudios, die Kurse und die Übungen alle „Deliverables" waren. Das eigentliche Geschäft, in dem wir tätig waren, war die Transformation!

Mit Transformation meinen wir nicht nur die körperliche, tatsächlich haben viele unserer Kunden berichtet, dass ihr gesamtes Leben auf mehreren Ebenen transformiert wurde. Daher der Slogan „LIFE. Changed."

Wir begannen also, diese echten Veränderungsgeschichten in unsere Werbung einzubinden. Die Ergebnisse hatten nicht viel Einfluss auf die Gewinnung neuer Kunden, machten unsere bestehenden Kunden aber viel stolzer (wir werden sehen, wie dies indirekt die Lead-Generierung beeinflusst).

Wir haben erkannt, wie wichtig es ist, aufzupassen, dass man die Nutzung der Marke, die teuer und schwer zu monetarisieren sein kann, nicht aus den Händen gibt. Deshalb haben wir strenge Regeln für all unsere Franchises aufgestellt:

1. Zuerst muss die maximale Anzahl an Mitgliedschaften erreicht werden (mit Direct Marketing) und Erfolgsgeschichten aufgebaut werden. Bevor du daran denkst, die Marke zu vermarkten, musst du bereits eine solide Basis von Kunden haben, die Marke muss sich

Respekt auf dem Feld verdienen;

2. Man muss sich bewusst sein, dass man nicht den ROI des Direct Response erwarten kann (der leicht 300% erreichen kann). Mit Branding-Nachrichten muss man sich damit zufrieden geben, break-even zu erreichen (ROI von 100%). Du kannst nicht branden, um direkt neue Abonnements zu gewinnen.

Branding und Lead-Generierung

Wir haben festgestellt, dass die besten Kunden diejenigen waren, die über Empfehlungen kamen. Wir haben daher beschlossen, einen niedrigeren ROI mit markenzentrierten Anzeigen zu akzeptieren, indem wir in Referral-Marketing investierten.

Der enorme Stolz unserer Kunden (dank des Brandings) war eine mächtige Waffe, um die Empfehlungen zu erhöhen.

Hier haben wir erkannt, dass unsere „Evangelisten" keine „Bibel" hatten, die sie ihren Freunden und Verwandten zeigen konnten.

Wir begannen also, die „LIFE.Changed."-Geschichten zu drucken und sie unseren Kunden zu verteilen. Dies erleichterte die Teilnahme an unseren „Bring einen Freund"-Workout-Events.

Dan Kennedy schlug vor, Kunden zu belohnen, die Freunde mitbrachten, unabhängig davon, ob die Akquisition erfolgreich war oder nicht. Als Belohnung war es notwendig, etwas außerhalb der Marke anzubieten; wir entschieden uns für VIP-Erlebnisse

(Abendessen oder Gutscheine in den Lieblingsgeschäften).

Kurz gesagt, wir sind dazu übergegangen, den Kunden echte Pakete mit markenbezogenem Material zu geben, das speziell entwickelt wurde, um Empfehlungen zu fördern (Zeitschriften, Aufkleber, Shaker, T-Shirts, Zubehör usw.).

Schneller als die Nachahmer

Keine Marke kann es sich leisten, stillzustehen. Das haben wir von Anfang an verstanden, man kann sich nie als angekommen fühlen. Der Aufbau der Marke endet nie, es ist ein kontinuierlicher Prozess.

Viele Marken werden träge, werden kopiert, werden zu einer „Commodity" (das klassische eine ist so gut wie die andere) und verschwinden dann.

Selbst eine hundertjährige Marke wie Kodak ist in diese Falle getappt; sie ging von einer Präsenz in jedem Haushalt dazu über, komplett aus dem Verkehr gezogen zu werden.

Der Unterschied zwischen einer Commodity und einem interaktiven Erlebnis ist Innovation. Innovation ist auch die einzige Waffe, um nicht kopiert zu werden.

Die größte Innovation, an der wir arbeiten, ist eine B2B-Kampagne, um Gruppenabonnements in Unternehmen zu verkaufen, um Mitarbeiter anzusprechen, die Angst vor den Gesundheitskosten haben, die durch einen sitzenden Lebensstil verursacht werden.

Letztendlich fragen wir uns jeden Tag: „Wie können wir die 300 Plätze noch schneller füllen?".

Der Tag, an dem wir aufhören, uns das zu fragen, werden wir wahrscheinlich das Schicksal von Kodak erleiden.

KAPITEL 3

Eine Marke ohne Marketing

Mein Name ist Steve Adams, und dies ist meine Geschichte. Im Juli 1996, nachdem ich 10 Jahre lang Business studiert hatte und eine gut angelaufene Karriere in der Bank hinter mir hatte, besaß ich endlich mein eigenes Geschäft.

Rückblickend erscheint es mir jetzt klar, dass ich die Markenidentität (Logo, Slogan usw.), in meinem Fall in Form eines Franchise gekauft, überschätzt hatte. All dies ist ein Vermögenswert, aber nichts kann das Marketing ersetzen.

Meine erste Herausforderung waren die unzureichenden Verkäufe, und ich dachte, es würde reichen, Teil eines bekannten Franchise zu sein, um zu verkaufen!

Dann begann ich, viel Geld in verschiedene Arten von Werbung zu investieren: TV, Radio, Zeitungen, Events. Das Problem war, dass ich keine Ahnung hatte, woher die Kunden kamen, ob durch Werbung, Mundpropaganda oder Zufall. Die finanzielle Situation war nicht die beste, und ich wusste nicht, welche Ausgaben ich kürzen sollte. Keiner der Werbefachleute, an die ich mich gewandt hatte, konnte mir Antworten geben. Ich zahlte weiter, aber das Einzige, was wuchs, war meine Frustration.

2001 startete ich ein weiteres Geschäft, eine Kette von Tierproduktgeschäften, eine unbekannte Marke. Auch hier traten dieselben Probleme auf, die dazu führten, dass ich ein paar Jahre später 2 Filialen schließen musste. Ich verstand nicht, warum, obwohl es in Texas so viele Hundebesitzer gab, einfach niemand uns kannte oder uns vertraute.

Die Bedeutung der USP

An diesem Punkt traf ich eine radikale Entscheidung, alle Werbeinvestitionen zu kappen und mich auf meine USP (Unique Selling Proposition) zu konzentrieren.

Wenn du ein zu allgemeines Angebot hast, endet es damit, dass die Kunden keinen triftigen Grund haben, dich aus der Masse der alternativen Angebote auszuwählen. Das war auch unser Problem.

Wir begannen, unsere Wettbewerber zu analysieren, um zu verstehen, was wir anders und besser anbieten konnten.

Schließlich konzentrierten wir uns auf:

1. spezialisiertes Personal;

2. Qualität der Interaktionen zwischen Personal und Kunden;

3. Fokus auf Bio- und Naturfutter.

In den folgenden Jahren wuchsen wir stetig um 6-8%. Wir begannen, Tiertrainingsdienste anzubieten. Mundpropaganda funktionierte dank der überlegenen Erfahrung im Laden. Wir unterschieden uns endlich von jenen Läden, in denen die Mitarbeiter (ignorant) nie nützliche Ratschläge geben konnten.

Wir wuchsen weiter und eröffneten neue Standorte bis 2008 mit null Werbeinvestition.

Aber die geniale Idee kam nach einem berühmten Rückruf von kontaminiertem Futter, das uns zum Glück nicht betraf. Eine unserer Kundinnen, eine Journalistin von Dallas Fox News, interviewte einen unserer Manager, der Tipps gab, um Gesundheitsprobleme aufgrund von kontaminiertem Futter zu verhindern. Sofort stiegen die Verkäufe in unseren 2 Geschäften in Texas um 10%.

In diesem Moment hatte ich die Idee: Wir würden die größten Experten für Tierernährung werden. Jetzt haben wir in unseren Geschäften über 100 von der Michigan Veterinary Faculty zertifizierte Ernährungsberater.

Direct-Response-Marketing

Dann, im Jahr 2010, brachen die Gewinne in allen 10 Geschäften ein. Ich verstand, dass ich diesmal das echte Marketing lernen musste, ich wollte nicht wieder Opfer schlechter Werbung sein.

Ich begann zu studieren und entdeckte Dan Kennedy und das Direct Response.

Mein erster Verkaufsbrief brachte mir mehr als 200 Kunden mit 4000 verschickten Briefen. Was die erste Postkarte zur Reaktivierung meiner alten Kunden betrifft, hatte ich eine 70%ige Antwortrate!

Es war klar, dass ich jetzt alle Daten und Ergebnisse verfolgen musste, nur so konnte ich die Fehler der Vergangenheit vermeiden. Ich stellte einen von Dan Kennedy empfohlenen Copywriter ein und begann ernsthaft an meinen Zielen zu arbeiten:

1. neue Kunden gewinnen;

2. alte Kunden halten;

3. die Häufigkeit und die Ausgaben erhöhen;

4. verlorene Kunden reaktivieren.

Die Kundenliste

Wir hatten über 350.000 Kunden in der Datenbank und taten nichts, um sie zurückzubringen. Im Einzelhandel passiert es oft, dass Kunden in mehreren Geschäften einkaufen, auch basierend auf Angeboten. Wir waren entschlossen, der Commodity-Falle zu entkommen, und das taten wir, indem wir ein Zertifizierungsprogramm für Ernährung erstellten. Es ist eine Art Online-Kurs, um unsere Kunden in Tierernährung zu schulen, da wir uns als Experten auf diesem Gebiet positioniert haben.

Zum Training haben wir auch Promotions hinzugefügt, so strukturiert:

1. Unsere besten 500 Kunden (pro Geschäft) erhalten einen 8-seitigen Papiernewsletter;

2. Postkarten in den Ferienzeiten mit 10%
   Rabatt für die besten Kunden, Segment „A"
   (die letzte erzielte 417% ROI);

3. Alle 4 Monate senden wir ein Upsell, um den
   Kunden zu erziehen, der z.B. Trockenfutter
   kauft, aber keine Zahnhygieneprodukte usw.;

4. Ein jährlicher Dankesbrief für die Treue mit
   20% Rabatt;

5. Anreize, vom Segment „B" zum Segment „A"
   zu wechseln, also zu den besten Kunden;

6. Postkarte mit Rabatt zum Geburtstag des
   Haustieres.

Das Back-End

Eines der Grundprinzipien des Direct Marketings, das
Dan Kennedy lehrt, ist das sogenannte Back-End,
also die wiederkehrenden Verkäufe nach der ersten
Transaktion.

Ein effizientes Back-End-System aufzubauen, ist
entscheidend für die Unternehmensstabilität und
ermöglicht es uns, mehr in die Neukundengewinnung
zu investieren. Unseres ist derzeit in Entwicklung,
derzeit haben wir:

1. Ein Abonnement, das exklusive Inhalte bietet,
   um Besitzer in der Pflege ihres Haustieres zu
   schulen, mit Experteninterviews usw.;

2. Audio- und Video-"How to's", die erklären,
   wie man Zähne putzt, Nägel schneidet,
   bestimmte Fellprobleme behandelt usw. Für

jeden Inhalt empfehlen wir Produkte, die gekauft werden sollten, um das gewünschte Ergebnis zu erzielen;

3. Automatische Bestellungen, die sich erneuern, ohne dass sie jedes Mal wieder in den Warenkorb gelegt werden müssen und somit das Risiko besteht, ohne zu bleiben.

Mit einem so starken Back-End habe ich keine Angst mehr vor Wettbewerbern oder Amazon. Mein Service ist keine Commodity mehr, und unsere finanzielle Situation verbessert sich stetig. Mein Unternehmen kann nicht mehr leicht kopiert oder von irgendjemandem besiegt werden.

Dank des Direct Response sind wir in nur 30 Monaten von 10 auf 21 Geschäfte gewachsen. Die Einnahmen stiegen um 85%, und die Anzahl der Mitarbeiter stieg von 150 auf über 400.

Wenn du auch ein Einzelhandelsgeschäft hast, ist mein Rat, deine Existenzberechtigung zu finden. Warum sollte ein Kunde dich wählen?

Werde zuerst ein anerkannter Experte in deinem Bereich. Dann stelle die richtigen Leute ein, schaffe eine Unternehmenskultur und einen hervorragenden Kundenservice, der den Kunden immer gleich empfängt. Schließlich, richte ein Marketing-System ein, um allen mitzuteilen, was du tust und warum du es besser machst als andere. Vergiss nicht, jeden Monat weiter in die Ausführung des Plans zu investieren.

<u>Dan Kennedys Kommentar:</u> Hast du gesehen, wie viele Dinge Steve getan hat? Nicht nur, um neue Kunden zu gewinnen, sondern auch, um sie interessiert und glücklich zu halten, und um die Gewinne zu maximieren.

Ein so komplexes System zu haben, ist viel wichtiger als eine bekannte Marke oder eine geniale Idee zu haben. Wenn du dich von all dem überwältigt fühlst, bedenke, dass er es über eine Reihe von Jahren aufgebaut hat, indem er studierte und sich von kompetenten Fachleuten helfen ließ. Außerdem hat er ein System auf der Grundlage von „Evergreen"-Angeboten erstellt, die, einmal eingerichtet, praktisch von selbst laufen.

Das ist der Unterschied zwischen dem Aufbau von etwas Solidem und dem Versuch, etwas auf gut Glück zu tun, in der Hoffnung, dass es funktioniert.

KAPITEL 4

Ein Marketer unter einem großen Brand

Mein Name ist Bill Gough, und ich habe einen Großteil meiner Karriere mit einem Vorteil verbracht, den viele Unternehmer mir beneiden: ein landesweit anerkannter großer Versicherungsbrand, Allstate.

Mein kleines lokales Geschäft operiert unter dem Schutz dieses Markennamens, der täglich in allen nationalen Medien beworben wird.

Dennoch habe ich nach vielen Jahren der Karriere erkannt, dass mein größtes Asset nicht der Brand ist, sondern vielmehr die Beziehungen zu meinen Kunden.

Ich begann im Alter von 23 Jahren bei Allstate zu arbeiten, angezogen von seinem Ruf, und hier begann ich mich mit Werbefachleuten auseinanderzusetzen. Alles, was sie taten, war die klassische Brandwerbung, schön anzusehen, aber nutzlos für den Verkauf.

In dieser Zeit war ich dank der Lehren meiner Mentorin, die ich noch heute anwende, einer der besten Agenten: Ich schrieb meine Ziele auf, den Aktionsplan, um sie zu erreichen, und begann dann, die unmittelbarsten Aktionen zu implementieren, um sie zu erreichen, wobei ich immer flexibel gegenüber Veränderungen blieb.

Nach einer schlechten persönlichen Phase, die sich negativ auf meine Arbeit auswirkte, begann ich, die besten Agenten zu treffen und Networking zu betreiben, um so weit wie möglich deren erfolgreiche Strategien zu imitieren. Auf diese Weise konnte ich sogar meine früheren Ergebnisse übertreffen.

Autonomie und Direct Response

Als ich ein unabhängiger Affiliate wurde (immer für Allstate), wusste ich, dass ich eine bessere Strategie brauchte; Networking und zentral auf den Brand ausgerichtete Werbung allein konnten mir nicht helfen.

In dieser Zeit entdeckte ich Dan Kennedy und seine Direct-Response-Marketingstrategien, perfekt für kleine Unternehmen wie meines. Die Ergebnisse waren sofort da, aber ich hatte nie Zeit für die Familie, ich war immer bei der Arbeit.

In diesem Moment entschied ich, ein besseres System einzuführen, dank Direct-Response-Marketing, das es mir ermöglichte, Kunden fast automatisch zu gewinnen und zu binden. Ich begann mehr zu delegieren, indem ich meine Manager verantwortlich machte, jeder mit seiner eigenen klaren Spezialisierung.

Endlich konnte ich weniger und besser arbeiten, mich auf die Aktivitäten konzentrieren, bei denen ich unverzichtbar war, und den Rest delegieren. Nach 20 Jahren Karriere, so erfolgreich sie auch war, konnte nichts mit dem verglichen werden, was ich in den letzten 2 Jahren erreicht hatte.

Referenzen

Früher machten meine Referenzen, prozentual gesehen, 2-3% aller neuen Kunden aus.

Im ersten Jahr nach Anwendung des Direct Response stiegen sie auf 17%, im folgenden Jahr auf 23%. Derzeit sind wir bei 34%!

Neben Geschenken (unabhängig vom Verkauf) an alle, die uns Kunden empfahlen, führten wir auch eine monatliche Verlosung ein, um das Programm noch attraktiver zu machen.

Hier sind einige unserer Strategien:

1. Flyer, die unser Programm erklären, verteilt an alle, eingefügt in jeden Kommunikationsbrief und auf jedem Tisch im Büro;

2. Eine ganze Seite in unserem monatlichen Newsletter gewidmet, mit einem Foto des Gewinners des Monats;

3. Wöchentliche E-Mail an unsere Makler;

4. Monatliche E-Mail an Kunden mit Fotos der Gewinner und Details zur Teilnahme;

5. Persönlicher Affiliate-Link für jeden Kunden per E-Mail bereitgestellt;

6. Persönliche Dankesschreiben an die Affiliates sofort nach der Empfehlung.

<u>Dan Kennedys Kommentar:</u> Es ist wichtig zu verstehen, dass ein Brand wie Allstate niemals ein so persönliches und originelles Empfehlungsprogramm durchführen würde. Die Tatsache, dass es Bills Agentur ist, die es durchführt, macht es viel effektiver. Hast du gesehen, wie viele Strategien er verwendet? Die meisten Unternehmen würden es einmal ankündigen, vielleicht ein Plakat aufstellen und sich dann fragen, warum es nicht funktioniert. Das grundlegende Prinzip ist, dass alles aggressiv beworben werden muss: der Brand, das Produkt, die Dienstleistungen und die Empfehlungsprogramme.

Die monatliche Print-Newsletter

Dan Kennedy sagt immer, dass die monatliche Print-Newsletter das wichtigste Werkzeug für kleine Unternehmer ist, um bedeutungsvolle Beziehungen zu den Kunden aufzubauen.

Die E-Mail-Newsletter ist billig, sicher, aber es ist schwieriger für eine Person, all diese Informationen durch eine einzige E-Mail zu konsumieren. Außerdem ist es einfacher, sie zu ignorieren, im Vergleich zu einer Zeitschrift, die dir nach Hause kommt.

Ich rate davon ab, mehr als einen Monat zwischen den Newslettern verstreichen zu lassen, die Leute werden dich vergessen. Es ist einem Freund von mir passiert: Nachdem er eine vierteljährliche Newsletter getestet hatte, kehrte er sofort zur monatlichen zurück, weil seine Empfehlungen eingebrochen waren und viele Kunden sich über seine Abwesenheit beschwerten.

Versuche immer, der Newsletter eine persönliche Note zu geben; in meinem Fall habe ich einmal ein Cover mit einem Foto meiner Frau und meiner Tochter verwendet, die in einen leichten Unfall verwickelt waren, mit der beschädigten Autotür. Ich zog die Aufmerksamkeit mit einem echten Foto auf mich, um dann die 5 Dinge zu empfehlen, die man tun sollte, wenn man in einen Unfall verwickelt ist.

Ohne dieses Foto wäre es eine der tausend allgemeinen Informationen gewesen, die jeder auf Google finden kann, langweilig und unpersönlich.

Das Buch

Wenn die Newsletter die Beziehung aufbaut, positioniert das Buch dich viel höher im Vergleich zur Konkurrenz.

Ich habe zwei geschrieben, jeder mit einem spezifischen Zweck und einem spezifischen Ziel.

Das erste zielte darauf ab, kleine Unternehmer in meiner Gegend zu ermutigen, an meinem Empfehlungsprogramm teilzunehmen. Ich habe es an alle potenziellen idealen Kunden verschenkt: Autohändler, Broker, Bootsverkäufer usw.

Das andere wurde für alle geschrieben, die eine

Versicherung verschiedener Art benötigen könnten, und bot nützliche Informationen und Ratschläge.

Abschließende Überlegungen

Die Kombination eines nationalen Brands mit den Bedürfnissen einer kleinen lokalen Agentur war nicht immer einfach. Aber es hat sich definitiv gelohnt!

Ich hätte diesen Erfolg nie erreichen können, indem ich mich einfach auf die Bekanntheit des Brands Allstate verlassen hätte.

Ohne Direct Marketing und ohne die Entwicklung meines persönlichen Brands hätte ich heute nicht einmal einen Bruchteil der aktuellen Ergebnisse.

KAPITEL 5

Die Medien nutzen

Um einen erfolgreichen Brand aufzubauen, benötigst du 3 Dinge: eine gute Kombination aus Medien, Marketing und PR. Fehlt auch nur eines dieser 3 Elemente, befindest du dich in einer prekären Situation.

Direktmedien und Massenmedien

Viele Unternehmer und Fachleute schaffen eigene Medien, um ihre Geschichte zu erzählen. Es kann ein Buch, eine Website, eine Newsletter sein. Diese werden Direktmedien oder Eigentumsmedien genannt, weil du sie kontrollieren kannst.

Dann gibt es die Massenmedien: TV, Zeitungen, Radio. Da diese Medien autoritativer sind, da du sie nicht kontrollieren kannst, sind sie vertrauenswürdiger und haben die Macht, deine Autorität viel mehr zu erhöhen als ein Direktmedium.

Der richtige Einsatz von PR

Nehmen wir an, du hast so viel Erfolg, dass du in einer TV-Show interviewt wirst. Die meisten Menschen werden dich für diese 5 Minuten sehen und dann vergessen... es sei denn, du hast eine PR-Strategie in Aktion.

Es gibt zwei Arten von PR:

- Vor dem Ereignis: Erzeugt Neugier im Publikum, verbreitet Teaser und kleine Hinweise durch Pressekonferenzen, Pressemitteilungen, Artikel usw.

- Nach dem Ereignis: Die Diskussion über das behandelte Thema wird fortgesetzt, es wird kommuniziert, was passiert ist, es werden kleine Audio-/Videoausschnitte veröffentlicht, die die Diskussion weiterführen.

Dies ist eine Arbeit, die die Unterstützung von spezialisierten PR-Agenturen erfordert, aber in der Regel, es sei denn, du hast eine sehr interessante Geschichte, gehen sie selten über die erste Pressekonferenz hinaus.

Marketing

Marketing ist die Art und Weise, wie du deine Produkte oder Dienstleistungen bewirbst, um einen Gewinn zu erzielen.

Das Wichtigste hier ist, die Zielgruppe gut zu wählen.

Es ist immer besser, sich auf eine nicht zu große Gruppe zu konzentrieren, vorzugsweise eine, die wahrscheinlich an dem interessiert ist, was wir anbieten. Vor allem am Anfang, sonst riskieren wir, das Werbebudget auszuschöpfen, bevor wir etwas verkaufen können.

Es ist auch einfacher, in einem begrenzten Umfeld eine anerkannte Marke zu sein als in einem sehr großen Markt, besonders wenn du für eine sehr spezifische Gruppe von Menschen relevant bist.

Ein integrierter Ansatz

Wenn du die Struktur des Storytellings untersuchst, wirst du feststellen, dass Geschichten ohne Setup nicht funktionieren.

Wenn du die wesentlichen Fakten der Geschichte, ihr Setup und die Charaktere nicht verstehst, wird nichts Sinn machen.

Stelle dir den Verkauf deines Geschäfts als das Ende deiner Geschichte vor. Wenn du das Publikum nicht angemessen vorbereitet hast, indem du das richtige Setup bereitgestellt hast, wird es schwierig sein, Geschäfte abzuschließen. Wenn sie dir nicht vertrauen und dich nicht kennen, werden sie wahrscheinlich nicht kaufen.

Das ist der Grund für den Erfolg berühmter Restaurantketten oder Einzelhändler. Ihr Setup wurde bereits durch ihre aggressive Massenmarketing bereitgestellt. Jeder weiß, was von McDonald's zu erwarten ist.

Du, der nicht das Glück hat, von allen so erkannt zu werden, musst an den 3 grundlegenden Elementen arbeiten, indem du sie kombinierst.

Massenmedien und Direktmedien verschmelzen

Wie wir zu Beginn des Kapitels gesagt haben, haben Direktmedien (Eigentumsmedien) wenig Glaubwürdigkeit. Dennoch gibt es mindestens zwei Möglichkeiten, wie man die Autorität der Massenmedien ausleihen und auf die Direktmedien übertragen kann:

1. Testimonials, Bewertungen und jegliche Art von Drittanbieter-Zertifizierungen, die in deinem Buch, deiner Website, deiner Newsletter usw. eingefügt werden.

2. Abschnitt „Über uns sprechen“: Sicherlich hast du auf einigen Websites diesen Abschnitt gesehen, mit allen Logos bekannter Publikationen und TV-Kanäle.

KAPITEL 6

Die Bedeutung der Geschichte

Der Marketingdirektor der Subway-Kette stand vor einem Problem. Er wusste, dass ihr Essen gesünder als andere Fast-Food-Optionen war, aber er fürchtete, die Kunden einfach durch Aufzählung einer Reihe von nüchternen und unpersönlichen Daten zu langweilen.

Dann entdeckte die Niederlassung in Chicago, dass ein Kunde mehr als 100 kg verloren hatte, indem er nur Subway-Sandwiches aß, und nach einer Diskussion mit den Anwälten entschied das Unternehmen, diesen Vorfall zu bewerben.

Am 1. Januar 2000 trat Jared Fogle zum ersten Mal mit seiner Geschichte in einer Subway-Werbung auf und wurde sofort als Gast von Oprah eingeladen. Es war eine extrem erfolgreiche Kampagne.

In den folgenden zehn Jahren verdoppelten sich die Umsätze von Subway, und Jared wurde eine kleine Berühmtheit.

Immer wenn das Unternehmen versuchte, ihn

beiseite zu schieben, gingen ihre Verkäufe zurück.

Der Grund ist sehr einfach; Menschen werden von anderen Menschen angezogen und identifizieren sich mit den Geschichten anderer.

Wir sind süchtig nach Geschichten

Warum lieben wir Geschichten? Es gibt eine wissenschaftliche Antwort, und sie heißt „Liebeshormon", das mit romantischer Bindung, menschlichen Bindungen und auch mit Sex verbunden ist.

Einfach ausgedrückt, identifizieren wir uns mit den Charakteren der Geschichten und fühlen ihre Emotionen, während wir ihre Geschichte lesen, ansehen oder anhören.

Deshalb konnte Jareds Geschichte nicht durch eine Reihe von nüchternen und unpersönlichen Daten ersetzt werden.

Die 4 Schlüsselelemente einer Geschichte

1. Einfachheit. Wir werden ständig mit Informationen bombardiert, deshalb muss eine Geschichte, um im Gedächtnis zu bleiben, auf Einfachheit basieren: „Ein Mann isst monatelang nur Subway-Sandwiches und verliert mehr als 100 kg".

2. Authentizität. Jared war eine echte Person,

und das kam auch in den Werbungen zum Ausdruck, was der Kampagne zugutekam, weil sie sich von allen anderen (übermäßig polierten und inszenierten, also falschen) abhob.

3. <u>Sichtbarkeit.</u> Du musst einen (oder mehrere) Kanäle finden, um deine Zielgruppe zu erreichen und deine Geschichte bekannt zu machen.

4. <u>Relevanz.</u> Es muss eine Geschichte sein, die die Menschen hören wollen. Im Falle von Jared liebten die Menschen die Tatsache, dass man durch Essen in einem Fast-Food-Restaurant abnehmen konnte. Hätte er 100 kg verloren, indem er nur Karotten aß, hätte er wahrscheinlich nicht denselben Erfolg gehabt.

KAPITEL 7

Die Maus und der Hase

In diesem Kapitel sprechen wir über die Macht von zwei Marken: Disney und Playboy. Sie haben mehr gemeinsam, als du denkst, und du kannst (solltest sogar) etwas von ihrer Strategie lernen.

Zunächst haben sowohl Walt Disney als auch Hugh Hefner ohne Geld angefangen und dennoch starke und anerkannte Marken aufgebaut, ohne auch nur einen Cent in Brand Awareness zu investieren. Beide haben ihre ikonischen Marken durch Verkäufe und Direct-Response-Marketing aufgebaut und die Medien genutzt.

Hier sind einige Lektionen, die du von ihnen lernen kannst:

1. Erschaffe deine eigene Welt. Sowohl Disney als auch Playboy haben eine Welt geschaffen, in der niemand erwachsen werden muss. Wenn Disney den Slogan „Der glücklichste Ort der Welt" nicht schon verwendet hätte, hätte Hefner ihn wahrscheinlich für die Playboy Mansion benutzt. Stattdessen nutzten sie einen berühmten Toast, der erstmals von Robert Culp ausgesprochen wurde: „Be of

good cheer, for they are out there and we are in here!" (Seid fröhlich, denn sie sind draußen und wir sind hier drinnen!).

2. <u>Kämpfe für etwas und verbreite deine Philosophie.</u> Hefner hat immer gegen Zensur gekämpft, für sexuelle Freiheit, Bürgerrechte und Feminismus. Disney hat die Rolle eines weisen Geschichtenerzählers verkörpert, der Lebenslektionen und Werte durch seine Filme und Cartoons vermittelt, strebend nach einer glücklicheren Welt und Wehmut hervorrufend;

3. <u>Persönlichkeit.</u> Walt war von Anfang an das Gesicht von Disney, zusammen mit Micky Maus, und bewarb Disneyland durch eine Show auf ABC. Er war der erste Verkäufer und Geschichtenerzähler des Unternehmens. Hugh Hefner startete sofort mit einer eigenen Fernsehshow, in der er das schöne Leben in seinem Hauptquartier zusammen mit seinen Freunden zeigte. Kürzlich nahm er an einer weiteren Reality-Show mit seinen Freundinnen teil.

4. <u>Charaktere.</u> Walt hat Minnie, Micky, Pluto, Schneewittchen, Cinderella usw. Hefner hat die Bunny Girls, die Playmates des Monats, seine Freundinnen, seine VIP-Freunde. Als Disney Marvel kaufte, sagte Bob Iger (CEO): „Du kannst nie genug Charaktere haben". Hefner dachte genauso über seine Freundinnen.

5. <u>Ort.</u> Beide haben ihr eigenes Wunderland:

Disneyland und die Playboy Mansion.

6. <u>Lizenzen.</u> Als Disney das erste Mal zustimmte, mit der Lizenzierung seiner Marke Geld zu verdienen, war es während einer Zeit finanzieller Engpässe, und dann hörte es nie auf. Das Playboy-Logo ist eines der am meisten genutzten auf einer endlosen Reihe von Produkten.

7. <u>Medien.</u> Nach seinem Debüt auf ABC kaufte Walt später diesen Sender zusammen mit anderen TV- und Radiosendern. Hefner begann sofort mit einem eigenen Kanal, machte Reality-Shows und sogar einen Film. All dies ist Werbung, aber gleichzeitig generiert es Einnahmen, weil die Menschen dafür bezahlen, sie zu sehen, sie zahlen praktisch dafür, die Marke zu verbreiten.

Denke groß, die Anstrengung ist dieselbe

Wenn du denken musst, denke groß, die Anstrengung ist dieselbe. Wenn du ein kleines lokales Geschäft hast und glaubst, dass diese Strategien nicht für dich sind, denke daran, dass auch Walt und Hugh mit einem kleinen lokalen Geschäft angefangen haben.

Heutzutage ist es mit der Technologie viel einfacher für ein lokales Geschäft, ein weltweites Publikum zu erreichen.

Außerdem, selbst wenn du nur lokal operieren möchtest, kannst du dieselben Strategien anwenden und so zu einer dominanten Marke in deinem Sektor auf lokaler Ebene werden.

KAPITEL 8

Polarisierung

Das alte Sprichwort „Gut oder schlecht, Hauptsache man spricht darüber" ist nicht ganz richtig. Das Internet hat unsere Exposition und die Verbreitung von Nachrichten verändert, zum Guten wie zum Schlechten.

Direct Marketing und der Aufbau von festgelegten Pfaden (Funnels) werden somit noch wichtiger, um all den Traffic und die Besuche (einer Website oder einer Werbung) in Prospects (potenzielle Kunden) und dann in zahlende Kunden umzuwandeln.

Traffic allein zählt nichts, egal was die Web- und Social-Media-Gurus sagen, das Einzige, was zählt, ist die Umwandlung von Traffic in Verkäufe.

Es ist auch wichtig zu verstehen, dass es keine schützenden Mauern mehr um deine Marke gibt und dass alles (auch etwas, das versehentlich von einem deiner Mitarbeiter gesagt wurde) ein größeres Problem verursachen kann, als du dir vorstellen kannst.

Um deine Marke zu schützen, gibt es viele Dinge, die du tun kannst, darüber habe ich auch ein Buch geschrieben „No B.S. guide to ruthless management of people and profits".

Es ist wichtig, dass die Mitarbeiter, die mit der Öffentlichkeit in Kontakt kommen, gut geschult und motiviert sind, den Kundenservice, Krisenmanagement und die ihnen zugewiesenen Verkaufsansätze zu respektieren. Mystery Shopper können auch verwendet werden, um Mitarbeiter zu belohnen, die die Richtlinien einhalten.

Sicherlich ist dies der Teil, den Unternehmer am wenigsten mögen, und doch ist es entscheidend, um die Marke zu schützen. Je berühmter die Marke ist, desto wichtiger ist es.

Kontroversen zu deinem Vorteil nutzen

Im Juli 2012 sagte der Präsident von Chick-fil-A in einem Interview mit „The Biblical Reporter", dass ihr Unternehmen „die biblische Definition der Familie" unterstützt.

Der Bürgermeister von Chicago ließ das Fast-Food-Unternehmen wissen, dass sie in seiner Stadt nicht willkommen wären. Die linken Medien griffen das Unternehmen an, nannten es bigott und insinuierten, es sei ein Ort der Diskriminierung für Mitarbeiter. Im Gegensatz dazu organisierten Fans der Marke und viele religiöse Gruppen Unterstützungsaktionen. In jenem Jahr stieg der Umsatz von Chick-fil-A von 4 Milliarden auf 4,6 Milliarden Dollar. Solche Zahlen erreichst du nicht nur mit klassischer Werbung, viel ist sicherlich der medialen Exposition und der

Unterstützung der Fanbase zu verdanken.

Nur zur Information, ihre politisch-religiösen Positionen waren vor dem Skandal für niemanden ein Geheimnis. Jeder wusste, dass die Kette sonntags geschlossen hat und dass die Mitarbeiter vor jedem Meeting gemeinsam beten. Es war offensichtlich, dass sie nicht für die Homo-Ehe sein konnten, und doch beherrschte die Nachricht für einige Wochen die Zeitungen und das Fernsehen.

Auf der anderen Seite die Kontroverse um den CEO von Starbucks, der 2013 öffentlich die Homo-Ehe unterstützte. Dies brachte Unterstützung von Seiten der Aktionäre und der Fanbase, während es Proteste und Boykotte von konservativen Verbänden auslöste. Auch Starbucks steigerte seine Gewinne nach diesem Manöver um schöne 15%.

Was ist die Moral von der Geschicht? Kenne deine besten Kunden und ihre Freunde/Feinde gut.

Die Trump-Technik

Trump hat diese Technik oft verwendet: regelmäßig greift er jemanden an, der die Verkörperung der ihm entgegengesetzten Ideale darstellt, einfach mit dem Ziel, Schlagzeilen zu machen und seine Ideen zu verbreiten.

Auch ich mache das. Meine besten Kunden sind Millionäre, Selfmade-Männer und Unternehmer, und ich hatte viel Erfolg mit meinen Kritiken und Spötteleien gegen folgende Charaktere:

1. Akademiker, Theoretiker;

2. große Unternehmen, die dumme Dinge tun;

3. berühmte Werbeagenturen;

4. faule Angestellte;

5. sozialistische Kritiker, die den Erfolg hassen und die unternehmerische Freiheit einschränken möchten;

6. Staatsgläubige und Sozialhilfebefürworter.

Einen Bewegung schaffen

Ich habe hart gearbeitet, um mich auch als Führer einer Bewegung zu positionieren, nicht nur als ein Unternehmer, der Geld verdienen muss.

Tatsächlich habe ich eine Revolution angeführt, die das Direct Response in Bereiche gebracht hat, in denen es zuvor nicht existierte. Ich habe viele Menschen ausgebildet, die dann zu Referenzen in ihren Bereichen wurden: Recht, Immobilien, Autoreparaturen, Gartenbau, Reinigung, Restaurants, Kosmetik, Medizin, Reisen, Versicherungen usw.

Ich habe immer die Verteidigung des kleinen Unternehmers, des Rückgrats der Wirtschaft, übernommen. Der Verkäufer, oft schlecht angesehen von vielen, der durch seine Hartnäckigkeit Wohlstand für alle schafft, indem er mit seinen Steuern zur Schaffung von Krankenhäusern, Universitäten beiträgt und die Gehälter der öffentlichen Angestellten bezahlt.

Wenn sie alle zusammen 30 Tage Urlaub nehmen würden, würde das Land zusammenbrechen. Diese

Menschen sind Helden, weil sie Arbeit schaffen, indem sie jeden Tag Risiken eingehen. Oft werden sie kritisiert und als gierige Kapitalisten beschuldigt, meistens von einigen der Feinde, die ich zuvor beschrieben habe: Staatsgläubige und Sozialisten, die die unternehmerische Freiheit einschränken möchten.

All dies macht mein Personal Brand und mein Geschäft relevanter für mein Ziel.

Finde deine „Welle"

Es gibt viele Wellen in der Gesellschaft, einige kommen und gehen, andere sind immer präsent.

Auf nationaler Ebene kann es Patriotismus sein, auf lokaler Ebene kann es das Schul-Footballteam sein. Es gibt Unternehmertum, die Besessenheit mit dem Leben von Prominenten, Umweltschutz.

Die Welle von Reality-Shows hat uns Charaktere vorgestellt, die sonst unbekannt geblieben wären.

Die Welle von Playboy war beispielsweise die sexuelle Revolution der 60er Jahre.

Finde deine.

KAPITEL 9

Die Macht der Paranoia

Niemand mag Paranoia, und doch kann Paranoia uns vor vielen Fallen retten, auch im Geschäftsleben.

Ein erfolgreicher Brand zu besitzen, bietet an sich keine Garantie für die Zukunft. Der Friedhof der Marken, die einst berühmt waren, ist sehr groß, es gibt mehr Tote als Lebende in jedem Sektor.

Wenn du einen großen Brand kreierst oder in Besitz nimmst, musst du von da an immer mit einem offenen Auge schlafen.

Es gibt verschiedene Gründe, die zum Tod einer Marke führen, aber hauptsächlich gibt es zwei:

– Qualitätsverlust eines Produkts oder Dienstleistung, oft gewürzt mit der Arroganz, eine bestimmte Vorteilsposition zu haben;

– Langeweile und mangelndes Interesse an einer Marke, die es nicht schafft, Neugier und/oder Neuigkeiten im Laufe der Zeit zu erzeugen.

Selten stirbt eine Marke wegen eines einzigen großen Problems, es ist wahrscheinlicher, dass dies aufgrund von 1000 sekundären Problemen geschieht, die, auch wenn sie einzeln betrachtet sogar irrelevant erscheinen mögen, zusammen einen tödlichen Mix erzeugen.

Viele der Marken, die auf dem Friedhof gelandet sind, sind jene, die das Direct Response Marketing vergessen haben. Ich habe Hunderte gesehen, die aus diesem Grund gescheitert sind.

Es ist wichtig zu erinnern, dass je größer die Unternehmen/Agenturen sind, je mehr Leute darin arbeiten, je mehr Werbepreise sie haben, desto weniger verstehen sie.

Das sagte auch der große Werbefachmann David Ogilvy: „Die einzigen, die wissen, was sie tun, sind die Leute vom Direct Response!"

KAPITEL 10

Das Personal Brand

Eines der besten aktuellen Beispiele für Personal Branding ist der Country-Sänger Toby Keith, einer der 100 reichsten Menschen des Jahres 2013 laut Forbes. In den letzten 5 Jahren hat er nie weniger als 48 Millionen Dollar pro Jahr verdient. Sein Markt ist kleiner als du denkst: Country-Musik macht weniger als 15% des Marktes aus und ist geografisch begrenzt. Sehen wir uns an, wie er es gemacht hat.

Synergie

Jedes seiner Konzerte ist eine kunstvoll inszenierte Werbung. Wenn er seinen Hit „American Ride" singt, kommt er mit einem Ford-Pick-up auf die Bühne (sein Multimillionen-Dollar-Sponsor). Sein Lieblingsgetränk ist seine eigene Tequila-Marke „Wild Shot". Wenn er „I Love This Bar" singt, zitiert er den Namen seiner Restaurantkette.

Denke daran, dass jeder Kunde neben deinem Service weitere Bedürfnisse hat, erkunde sie.

Ein Kunde eines Reinigungsunternehmens könnte auch einen Gärtner oder eine Versicherung benötigen. Das bedeutet nicht, dass du alles anbieten musst, aber du kannst Partnerschaften mit anderen Unternehmen eingehen, um Kunden auszutauschen.

Kontrolle

In seinen Anfängen, als er noch kein Star war, entschied Toby Keith, seine Band durch bezahlte Musiker zu ersetzen. Dies, zusammen mit anderen Entscheidungen, ermöglichte es ihm, die vollständige Kontrolle über sein Brand zu haben.

Als er entdeckte, dass das Management seines Restaurants das beliebteste Sandwich entfernt hatte, um eine „gourmet" Richtung einzuschlagen, korrigierte er dies sofort, weil er keine Kompromisse eingehen musste. Je mehr das Unternehmen wächst, desto mehr besteht die Notwendigkeit professioneller Manager, aber man darf nie die Persönlichkeit des Gründers aus den Augen verlieren, sonst verliert man die Kundenbasis.

Denke immer daran, je erfolgreicher du bist, desto mehr werden deine Strategien und Werte in Frage gestellt. Es scheint ein Paradoxon zu sein, aber es ist so.

Nimm die Ratschläge von Experten immer mit Vorsicht. Wenn du nicht überzeugt bist, mach es nicht. Höre zu, denke nach und dann entscheide selbst.

Polarisierung

Die Texte seiner Lieder können sehr stark sein. In dem Lied über die Ereignisse des 11. Septembers sagt er: „Wir werden euch einen Tritt in den Hintern geben, das ist die amerikanische Art!".

Natalie Maines von den Dixie Chicks bezeichnete das Lied als „ignorant", und er antwortete, indem er bei seinen Konzerten ein riesiges Bild im Hintergrund zeigte, das ein gefälschtes Familienfoto von ihr und Saddam Hussein darstellte.

Auch ich nutze die Polarisierung.

Obwohl ich viele Linke unter meinen Fans habe, habe ich nie ein Geheimnis aus meiner Vorliebe für Konservative gemacht. Das stößt viele ab, zieht aber genauso viele an!

Proliferation

Von 1993 bis 2000 hat Toby Keith jedes Jahr ein Album herausgebracht, das durchschnittlich 500.000 Kopien verkaufte. Das Album von '99 verkaufte 3,1 Millionen Exemplare. Wenn du ein anerkanntes und von einer soliden Kundenbasis geliebtes Brand haben willst, musst du unbedingt produktiv sein. Du musst ständig Neuigkeiten liefern.

Auch die treuesten Kunden werden ständig abgelenkt, also sei immer paranoid, ich rate dir! Verlasse dich nie ausschließlich auf die Treue deiner Kunden, sondern baue solide Zäune wie Abonnements, automatische Zahlungen und biete immer Anreize für die Fortsetzung der Beziehung.

Anstrengung

Es erfordert Anstrengung, eine großartige Marke aufzubauen. Jedes Mal, wenn Toby Keith ein Konzert gibt, verdient er etwa 1 Million Dollar. Das ist nichts im Vergleich zu all den anderen „leichteren" Gewinnen, die er für sein Brand eingerichtet hat. Dennoch setzt er sich fortwährend ein, indem er Konzerte gibt, Lieder schreibt, aufnimmt, seine Restaurants besucht, kurz gesagt, er arbeitet hart.

Die Flucht vor der Anstrengung, die sogenannte „Glückliche Schrumpfung", die wir in den letzten Jahren beobachten, hat eine schädliche Illusion für die Gesellschaft und das Unternehmertum geschaffen.

Ohne Anstrengung wirst du nie eine großartige Marke haben.

Direct Response

Toby Keith hat ursprünglich sein Brand aufgebaut, indem er Konzerttickets verkaufte. Je mehr Tickets er verkaufte, desto mehr wuchs sein Brand.

Auch ich habe so mein Geschäft aufgebaut, indem ich viel gereist bin und an 70-80 Veranstaltungen pro Jahr teilgenommen habe, zusätzlich zu Anzeigen in Zeitungen, per Post usw.

Das Geheimnis ist, nicht bankrott zu gehen, während du beschäftigt bist, reich und berühmt zu werden. Direct Response bewahrt dich davor, dieses Schicksal zu erleiden.

KAPITEL 11

Verloren im Raum

Heutige Unternehmer und Konsumenten sind im Raum verloren. Es gibt Tausende von YouTube-Kanälen, Millionen von Büchern auf Amazon, Websites, E-Mails usw.

Es gibt so viele Optionen, dass wir alle verwirrt sind.

Bevor eine Kaufentscheidung getroffen wird, ist es kaum möglich, alle verfügbaren Optionen zu untersuchen, es wäre unmöglich.

Die Marke ist eine Abkürzung zur Wahl, aber auch dort gibt es manchmal viel Wettbewerb.

Eine Lösung, die ich immer vorschlage, ist „Gehe dorthin, wo niemand hingeht, und mache Dinge, die niemand tut". Wenn dein Produkt oder Dienst zusammen mit vielen ähnlichen präsentiert oder gesponsert wird und daher leicht vergleichbar ist, wirst du in einen Preiskampf (Commodity) geraten.

Was du brauchst, sind Strategien, die es dir ermöglichen, potenzielle Kunden zu erreichen, bevor sie auf Google oder Amazon gehen (oder früher die Gelben Seiten).

Wenn du darauf wartest, dass jemand nach dir sucht, wird immer jemand anderes dir das Essen vom Tisch stehlen.

Eine andere Lösung ist die Förderung von Empfehlungen, wie wir bereits früher in diesem Buch gesehen haben.

Es liegt an dir, Verbindungen mit deinen Kunden herzustellen, sie anzuziehen und im dunklen Universum zu führen, den Weg durch all den Müll zu finden, der im Web schwebt.

Anmerkungen

Diese Zusammenfassung von „Brand Building by Direct Response" wurde sorgfältig erstellt, um die Prinzipien des Kennedy-Denkens auf Deutsch zu verbreiten. Sie ist Teil der berühmten Buchreihe „No B.S.", die von Dan Kennedy erstellt wurde.

Dan Kennedy ist einer der einflussreichsten und wichtigsten Vertreter des Direct-Response-Marketings und leider sind seine Bücher nur auf Englisch verfügbar.

Obwohl dies eine extrem verkürzte Version ohne die originalen Bilder ist, sind wir überzeugt, dass sie als Sprungbrett für diejenigen dienen kann, die nicht gut Englisch sprechen, aber sein Denken vertiefen und anwenden möchten.

Der Zweck dieser Zusammenfassung ist rein informativ, wir möchten keineswegs das Originalbuch von Dan Kennedy ersetzen (erhältlich auf Amazon über den QR-Code).

Das Team von Kompakt Verlag